NOTICE HISTORIQUE

SUR LA VIE

DE

M. PIERRE-FRANÇOIS RIEUSSEC.

NOTICE HISTORIQUE

SUR LA VIE

DE

M. P.-F. RIEUSSEC,

CONSEILLER HONORAIRE A LA COUR ROYALE DE LYON,
CHEVALIER DE LA LÉGION-D'HONNEUR,
ANCIEN MEMBRE DU CORPS-LÉGISLATIF ET DE LA CHAMBRE DES DÉPUTÉS,
MEMBRE DE PLUSIEURS SOCIÉTÉS SAVANTES,

*Lue en Séance publique de l'Académie royale de Lyon,
le 3 Juillet 1827,*

par M. Guerre,

DE LA MÊME ACADÉMIE, DE CELLE DE MACON, ETC.

LYON.

IMPRIMERIE DE LOUIS PERRIN,
GRANDE RUE MERCIÈRE, N° 49.

1827.

NOTICE HISTORIQUE

SUR LA VIE

de M. P.re-F.çois Rieussec.

Nous ne faisons que passer sur la terre, et, comme ces eaux qui vont se perdre dans des abymes inconnus, nous ne cessons, après avoir fait plus ou moins de bruit, de nous écouler chacun à notre tour, dans les abymes de l'éternité.

Mais l'homme de bien qui servit son pays par ses travaux, qui l'honora par des talens et des vertus, ne meurt pas tout entier. Il se survit dans l'estime et la reconnaissance de ses concitoyens, dans le bien que peut leur faire encore le souvenir de ses actions et de ses exemples.

Il est donc bien respectable le devoir que vous vous êtes imposé, Messieurs, de rendre un hommage public à la mémoire de ceux que vous avez possédés dans votre sein, qui ont partagé vos travaux, qui vous ont communiqué leurs lumières, et qui ont fait rejaillir sur vous l'éclat dont leur nom a pu briller.

Ce n'est pas qu'ils aient besoin de nos éloges: ce puéril orgueil, qui, pendant la vie, met tant de prix à l'opinion du monde, n'existe plus dans les tombeaux. Le juste, comblé alors de tout autres récompenses que celles dont le monde dispose, s'il laisse tomber encore ses regards sur la terre, attache peu de valeur sans doute à ces honneurs d'un jour décernés à un peu de poussière.

Mais les leçons de sa sagesse ne doivent point être perdues; il est bon de les recueillir; car, si les morts n'ont pas besoin d'éloges, nous avons besoin d'exemples, et leur vie doit être racontée pour être la règle de la nôtre.

M. Rieussec, une des dernières victimes que le glaive de la mort a choisies parmi nous, et à la mémoire duquel je viens offrir, en votre nom, ce triste et religieux tribut, a montré par son exemple que, sans avoir occupé par des destinées extraordinaires les cent bouches de la renommée, l'homme de bien, l'homme utile, peut obtenir encore une place élevée dans les souvenirs de la postérité.

M. Pierre-François RIEUSSEC était né à Lyon, le 23 novembre 1738, de François Rieussec, échevin de cette ville, et de Marie-Françoise-Paule Charret, fille d'un contrôleur d'artillerie, secrétaire du roi. Il avait ainsi trouvé, en naissant, la noblesse dans les deux branches de sa famille. Il la conserva par celle des sentimens.

Il fit ses premières études avec succès au grand collége de Lyon, sous les Jésuites, ce corps fameux dont on aimerait à louer l'enseignement, s'il ne s'était jamais mêlé de politique.

Il alla ensuite perfectionner à Paris ses premières connaissances et son goût. Heureusement pour lui, il eut l'avantage d'être reçu chez un président du parlement, un de ses parens, où se réunissait habituellement une société brillante et choisie, dans laquelle il put puiser ces leçons de goût et d'urbanité qui l'ont distingué toute sa vie.

Elevé à une telle école, il dut être aisément porté à entrer dans la carrière du barreau, car, le plus souvent, nos destinées sont le produit du hasard. La nature semblait d'ailleurs l'avoir façonné tout exprès pour cette noble et difficile profession. Doué d'un extérieur agréable, d'un organe flexible et sonore, d'une élocution facile, d'une imagination riche, d'une chaleur entraînante, il réunissait en lui les principales qualités qui constituent l'orateur.

Il se livra à l'étude du droit avec ardeur, fut reçu avocat au parlement de Paris en l'année 1765, et vint à Lyon prendre sa place dans un barreau où de grands talens, alors peu communs hors des villes de parlemens, lui offraient des sujets d'émulation dignes de lui.

Les succès qu'il obtint furent brillans et rapides, et le placèrent bientôt au premier rang. Dans le procès célèbre de la veuve Game, le jeune avocat eut l'honneur de lutter sans beaucoup de désavantage contre un des plus célèbres orateurs du siècle passé, M. Servan.

Une cause qui peut-être lui fit plus d'honneur encore, fut la défense de M. Bertholon, son rival en talens, et qui, dit-on, n'était pas son ami, mais pour lequel il se dévoua avec le plus noble abandon, et obtint un triomphe qui enleva tous les suffrages.

La renommée qu'il s'était acquise lui valut l'honneur de tenir le sceptre de l'éloquence, en l'année 1775, dans la célèbre solennité de la Saint-Thomas, institution unique peut-être en Europe, qui florissait déjà à Lyon au commencement du seizième siècle, dont l'origine n'est point connue, et qui s'est évanouie depuis notre révolution.

Le jour de la Saint-Thomas, 21 décembre, était consacré parmi nous à fêter l'éloquence, à la combler de plus d'honneurs qu'elle n'en reçut jamais chez aucun peuple. C'était une fête qui pouvait rappeler ces antiques et fameux exercices qu'un Empereur romain avait institués dans le temple d'Auguste à Lyon, mais dont l'éclat s'était terni dans l'usage barbare qui y était reçu de condamner les vaincus à être jetés au Rhône, ou à effacer leurs ouvrages avec la langue.

L'orateur était choisi par le consulat, parmi les sujets les plus distingués du barreau, de la médecine et des autres professions libérales; et ce choix était déjà un triomphe. Conduit avec pompe à l'Hôtel-de-Ville où l'attendaient tous les hommes en place et l'élite de la cité, c'est là qu'il exerçait son éloquence sur quelque sujet de morale, de commerce ou d'utilité publique. Un festin splendide, où il occupait la place d'honneur, en était la suite. Ce jour-là le Prévôt des marchands lui résignait le commandement militaire de la Place; le choix même du spectacle du jour appartenait au lauréat. De riches et honorables présens, décernés par les magistrats municipaux, achevaient de consacrer sa gloire, et terminaient la journée.

Le discours que prononça M. Rieussec dans cette mémorable solennité, fut digne de la circonstance, et par son sujet, et par le talent de l'orateur. L'auteur y définit et célébra toutes les qualités, toutes les vertus qui entretiennent l'ordre dans la société, la paix dans les familles. Il peignit des traits les plus vigoureux les vices qui flétrissent l'humanité : le mensonge, la dureté de cœur, la calomnie, la perfidie, la vengeance.

Le tableau qu'il y fit du bonheur conjugal, de l'amour paternel, de la tendresse filiale, de l'esprit de famille, dut enlever tous les suffrages. On ne peut le lire sans émotion, même encore aujourd'hui, parce que ce tableau, plein de tout le charme de la vérité, fut tracé d'après son cœur. On a pu le considérer depuis comme sa propre histoire et celle de sa famille.

Mais il ne séparait point les qualités touchantes de l'amour de Dieu, du Roi, de la patrie et des lois ; il en faisait le fondement de la première éducation, et les premiers devoirs de la vie sociale.

« Père tendre, disait-il, montrez à votre fils

« dans toutes les parties de ce vaste univers, et « dans leur majestueuse harmonie, l'empreinte « de la Divinité; que les bienfaits de l'Être su- « prême élèvent son ame jusqu'à lui, et la pré- « parent aux leçons de son culte; qu'en appre- « nant que tous les hommes sont son ouvrage, « il voie en eux ses frères et ses amis; dans la « société, la chaîne heureuse de secours et de « services dont il éprouve déjà l'influence; dans « sa nation, la grande famille à laquelle il ap- « partient; dans les lois, la force active et vigi- « lante qui fait son bonheur et sa sûreté; dans « le Monarque, le père commun, le chef, le « lien, le bienfaiteur et l'ame du corps social. »

M. Rieussec venait de marquer sa place parmi les écrivains et les moralistes; bientôt après on vit en lui le publiciste, l'observateur profond, l'esprit prévoyant. Plusieurs années avant la révolution, il eut la gloire d'indiquer une partie des plus importantes améliorations qu'elle ait depuis produites.

C'était en 1787. Il prononça à cette époque, devant la Société d'Agriculture, à laquelle il avait déjà l'honneur d'appartenir, un discours très étendu sur les causes morales de la dégradation de l'agriculture, et sur les moyens d'y remédier.

Dans ce discours plein de rapprochemens satyriques entre les bergers, les laboureurs fortunés de nos idylles, et nos malheureux cultivateurs courbés sous le poids du travail, flétris par l'indigence; entre les nobles encouragemens que tous les peuples de l'antiquité donnèrent à l'agriculture, et l'état d'abjection où elle était tombée parmi nous, il aperçoit pour première cause l'oppression et la féodalité, apportées chez nos ancêtres par les barbares du Nord, et continuées depuis, sous diverses formes, jusqu'au temps où il écrivait. Il fait sentir que cet état de dégradation n'a fait place à un meilleur ordre de choses, qu'à mesure que l'autorité bienfaisante de nos rois, s'est consolidée sur les ruines de tant d'obscures tyrannies; mais que la régénération de l'agriculture attendait une entière suppression des anciens abus.

Il ne faudrait pas croire toutefois qu'aucune pensée injuste se mêlat aux améliorations qu'il désirait. En attaquant les abus, il respectait les propriétés. Si, d'un côté, il signalait la servitude de main-morte, ce genre d'esclavage qui plaçait une partie de nos cultivateurs dans la condition des Ilotes de Sparte, s'il révélait, dans une foule de prérogatives ou de perceptions féodales établies sur les grands chemins, sur les rivières, sur les personnes, des usurpations que l'autorité pouvait anéantir, puisque la force seule les avait imposées ; de l'autre ; il entourait d'un respect religieux tout ce qui constituait le droit sacré de propriété.

Parmi les abus qui désolaient l'agriculteur, il ne manqua pas de montrer aussi la bigarrure et la confusion des juridictions, qui existait dans l'administration de la justice, et qui rendait l'accès des tribunaux presque impossible, et toujours funeste au pauvre.

Ses vœux ont été en partie accomplis. Honneur à l'homme de bien, à l'homme éclairé qui, marchant avec son siècle ou le devançant, discerne et prépare les améliorations que commandent les nécessités publiques !

Celui qui avait pris une position aussi honorable dans la science des mœurs et dans celle de l'économie politique, ne pouvait manquer d'être appelé à servir ses concitoyens, autrement que par des théories. M. Rieussec eut l'honneur d'être successivement porté à des fonctions aussi variées que l'étaient ses connaissances.

Le consulat le nomma à la chaire de droit qui existait alors à Lyon, et qu'il remplit avec distinction pendant plusieurs années. Je pourrais nommer, si je ne craignais de blesser leur modestie, plusieurs citoyens honorables de notre cité, qui y ont étudié avec distinction les principes du droit.

En 1788, il devint en même temps recteur de l'hospice de la Charité, et conseiller de ville, fonctions honorables non moins qu'utiles, qui conduisaient alors à l'échevinage, objet de toutes les ambitions, et à la considération publique, ce qui valait mieux encore.

Le zèle qu'il apporta dans le service de l'hôpital se peint de la manière la plus touchante dans un discours qu'il prononça au nom du bureau le 12 juillet 1790, lorsque l'administration des hospices fut mise par les lois nouvelles dans les attributions de l'assemblée administrative du département. Après y avoir indiqué les secours innombrables que l'hospice offrait à l'humanité, il fit à ceux qui devaient continuer tant d'utiles services, cette touchante et pathétique allocution où se peint son âme tout entière :

« Nous vous en conjurons, Messieurs, au nom « de l'Être suprême, au nom de la nature, au « nom de notre patrie, par tout ce qu'il y a de « plus sacré, protégez, conservez, affermissez

« cet établissement important pour notre ville, « qui la soutient et qui l'honore ; cet établisse- « ment essentiel dans une grande manufacture, « qui a retenu dans la cité des miliers de bras « utiles ; qui, en prévenant le désespoir, a dé- « tourné du crime, a conservé à la vie, à la « vertu, au travail, une multitude d'indigens ; « cet établissement enfin que la politique ad- « mire, qui console l'humanité.

« Vous ne trouverez pas, dans ces asyles de « l'infortune, ces succès éclatans, ces applau- « dissemens flatteurs qui vous attendent dans « les autres parties de la carrière que vous allez « parcourir ;

« Mais vous y éprouverez cette douce émo- « tion d'un cœur sensible qui, en apercevant « les infortunés qu'il a soulagés, se dit avec at- « tendrissement à lui-même : *Ils sont moins mal- « heureux, et leur bonheur est mon ouvrage.* »

En l'année 1790, M. Rieussec passa à une autre administration, celle du district de la campagne de Lyon dont il fut nommé président. Il y avait quelque courage à prendre part aux affaires publiques, dans cette transition toujours difficile et orageuse d'un régime expirant avec ses abus et ses préjugés, à un régime naissant avec son inexpérience et ses exaltations. Disons-le avec reconnaissance : Ce furent des hommes véritablement dévoués qui osèrent, les premiers, se charger de gouverner leurs semblables, au sein des tempêtes politiques, et s'imposer le fardeau de leur félicité; qui, pour le bien qu'ils voulaient faire aux hommes, s'exposèrent à leur ingratitude, et, pour le repos du peuple, renoncèrent à leur propre repos (1). M. Rieussec eut ce courage et rencontra cette ingratitude. Après deux ans d'un service laborieux, la sagesse qu'il y avait montrée, et qu'il avait toujours placée avec un grand courage entre les hommes et leurs passions, ne parut plus être de saison. Il fut remplacé, mais en conservant l'estime même de ceux qui l'éloignaient.

Les mêmes motifs le firent rappeler à la même administration en l'année 1795, dans le district de la campagne, après cette tourmente épouvantable qu'on appellera long-temps encore le régime de la terreur. On avait besoin alors d'hommes fermes et prudens pour mettre un terme aux excès, pour fermer des plaies qui saignaient de toute part; on avait besoin d'amis de la liberté, pour rallier les esprits irrités, d'amis de

(1) Expressions de M. l'avocat-général Servan.

l'ordre, pour consoler et rassurer les victimes : M. Rieussec dut être choisi à ce double titre; mais il ne consentit de rentrer en fonctions qu'à condition que les prisons révolutionnaires seraient ouvertes ; et elles le furent.

Une autre carrière s'ouvrit ensuite devant lui, celle de la magistrature. Nommé juge au Tribunal de département, ses collègues lui déférèrent la présidence. Bientôt après il passa comme juge au Tribunal d'appel, et ce double honneur fut un juste témoignage de ses connaissances et de ses talens. Personne n'a oublié combien furent distingués les premiers choix de la magistrature renaissante : elle héritait de toutes les lumières de l'ancienne magistrature. M. Rieussec ne cessa ses fonctions qu'en 1815, âgé alors de soixante et dix-sept ans, et conservant le titre de conseiller honoraire à la Cour royale.

Sa fermeté dans l'accomplissement de ses devoirs de magistrat avait été égale à ses lumières et à son zèle. Le témoignage qu'il en donna à une époque mémorable, mériterait d'être consacré par l'histoire. Il présidait la Cour d'assises de Lyon, en 1814, le jour où l'étranger pénétrait avec ses armées dans nos murs. A cette nouvelle, le juri s'émeut, hésite, et parle de se retirer : « Non, leur dit le vénérable président ; rien ne doit interrompre le cours de la justice ; dussions-nous périr, notre mort sera glorieuse : nous aurons fait notre devoir. » Les paroles du vieillard rendirent le calme à l'assemblée, et l'instruction se continua paisiblement. Son action nous rappelle ces illustres sénateurs de la vieille Rome, qui, au lieu de fuir devant les Gaulois vainqueurs et maîtres de leur cité, attendirent gravement dans leurs chaises curules, sous les portiques de leurs maisons, la mort qui les menaçait. Les barbares étonnés crurent, dit Tite-Live, que c'étaient des Dieux qui se présentaient à eux. C'est qu'en effet les hommes se rapprochent de la Divinité par la grandeur d'ame et les vertus.

Pendant l'exercice de ses fonctions judiciaires, il eut l'honneur de concourir à la formation du Code civil, le plus beau monument de la législation moderne. On sait que toutes les Cours furent consultées sur ce grand ouvrage. Une commission composée de trois hommes éminens par leurs lumières, MM. Vouty, Vitet et Rieussec, fut chargée de préparer les délibérations des magistrats de Lyon. Leur travail, rédigé par M. Rieussec et recueilli avec celui des autres Tribunaux supérieurs, se trouve dans la plupart des bibliothèques. On y rencontre des redressemens, des additions, des observations qui révèlent des penseurs profonds, des jurisconsultes consommés.

Les services et la renommée de M. Rieussec le désignaient naturellement à de plus importantes fonctions. Celui qui avait vieilli avec gloire dans l'étude et l'application des lois et dans les méditations de l'économie politique, devait naturellement être appelé aux travaux législatifs. Il fut présenté en 1804 par les électeurs de l'arrondissement de Lyon, comme candidat au Corps législatif, et élu par le Sénat. Il fut réélu en 1810. L'estime publique l'y suivit; celle de ses collègues y ajouta un nouvel éclat. Il eut l'honneur d'être nommé vice-président pour la session de 1809, et de présider plus d'une fois la chambre en cette qualité. A une autre époque il fut nommé à la Commission de législation, composée des hommes les plus instruits : c'était sa vraie place; il y rendit d'importans services.

Le zèle qu'il montra dans ces hautes fonctions fut le même dans tous les temps; mais ce fut un zèle exempt de toute ambition personnelle, et qui ne mit jamais ses services à prix. Les formes silencieuses dans lesquelles délibérait le Corps législatif, ne lui permirent pas d'aspirer aux orageux honneurs de la tribune moderne. Satisfait d'être utile en communiquant ses lumières, sans prétention, en votant toujours dans les intérêts de la dignité nationale et des libertés publiques, il soumit sans peine ses talens à la loi de la nécessité.

Nous approchons des derniers momens de la longue et honorable carrière de M. Rieussec. Il cessa ses fonctions de législateur dans le même temps que celles de magistrat, et consacra les derniers momens de sa vie à l'agronomie, cet art utile et noble dont il avait si dignement parlé en 1787, imitant en cela les célèbres exemples que nous ont laissés dans tous les temps plusieurs des hommes qui ont le plus honoré les emplois publics et l'espèce humaine.

M. Rieussec avait obtenu pendant ses longs services la décoration de la Légion-d'Honneur.

Il appartenait à plusieurs Corps savans.

La Société d'Agriculture et Arts utiles de Lyon, qui le possédait dès avant la révolution, le rappela dans son sein en l'année 1798, époque de sa restauration. Il en enrichit les recueils d'un grand nombre d'observations précieuses, et eut l'honneur de haranguer plus d'une fois en son nom, les plus illustres personnages du temps.

L'Académie royale, en se reconstituant par les

soins de M. Verninac, en l'année 1800, se fit honneur de se l'attacher.

Il fut nommé en 1802, correspondant de la Société académique de Grenoble, et en 1810 de la Société d'Émulation de Cambrai.

Il eut trois fils, MM. Justinien, Antonin et César. Si les noms ne sont pas toujours sans influence sur nos goûts ou nos destinées, ceux des trois fils ont pu marquer à chacun la carrière où ils sont entrés. *César* embrassa le métier des armes, et mourut dans les champs d'honneur, digne du nom qui lui avait été donné. *Antonin* est entré dans la carrière du commerce et des arts, source principale de la splendeur de notre ville, une des deux mamelles de l'état, disait Sully. M. *Justinien*, tour-à-tour jurisconsulte et magistrat distingué, toujours honoré et chéri de ses collègues, comme du public, fut le digne héritier de la gloire que son père s'était acquise au barreau et dans la magistrature. Premier avocat général de notre cour, il a droit d'aspirer à d'autres honneurs. Si une faveur accordée à un autre, et méritée sans doute, a retardé pour lui le jour de la justice, ce jour toutefois ne peut manquer d'arriver. Tels sont les dignes fils qui continuent d'honorer le nom de l'un de nos plus respectables citoyens.

M. Rieussec a eu le bonheur peu commun de parcourir une longue carrière avec des succès presque sans mélange d'adversité ; car il ne faut pas donner ce nom aux persécutions qu'il partagea avec tous les gens de bien dans nos anciens jours de désordre. Il n'a connu de vrais malheurs, que ceux qui sont inséparables d'une longue carrière : celui de perdre un frère (1) dans la célèbre catastrophe de Quiberon ; celui encore de perdre une tendre et vertueuse épouse, qui fit long-temps le bonheur de ses jours ; celui surtout de survivre à l'un de ses fils, infortune à laquelle rien ne peut être comparé dans les douleurs de la vie. Mais ses regrets ont fini : sa cendre est allé rejoindre la cendre de son frère, de son épouse et de son fils ; leurs ames se sont réunies dans un meilleur monde, où elles nous attendent.

Il a cessé de vivre le 20 juillet 1826, dans les sentimens d'un vrai chrétien, avec les secours de la religion, en donnant sa bénédiction paternelle aux enfans qui lui restaient et à ses petits-enfans.

(1) M. l'abbé Rieussec, ancien vicaire-général de Luçon.

www.ingramcontent.com/pod-product-compliance
Lightning Source LLC
LaVergne TN
LVHW010311230826
846091LV00007B/3092

* 9 7 8 2 0 1 1 7 7 7 6 5 2 *